Berend Feddersen

Der alte Mann und der Hase

Berend Feddersen

Der alte Mann und der Hase

Ein ehrliches und ermutigendes Gespräch über das Leben und das Sterben

IRISIANA

Für meine geliebte Pia

»Heute mache ich mir eine Freude
und besuche mich selbst.
Hoffentlich bin ich daheim.«

Karl Valentin

Inhaltsverzeichnis

Die Abendsonne hatte das alte Bauernhaus in ein orangenfarbenes Licht getaucht. Über dem Teich spielten die jungen Mücken im Zickzack fliegend Räuber und Gendarm.

Der Frosch hatte das Spiel, ohne es mit ihnen abzusprechen, in »Wer hat Angst vor der klebrigen Zunge?« abgewandelt. Die Äpfel baumelten voll und rotbackig von den Bäumen. Einige waren schon vor der Reife zu Boden gefallen. Manchmal war das Leben unberechenbar.

Der Hahn stellte sich mit stolzgeschwellter Brust auf den Mist und fing an zu krähen. Das Huhn erschrak und eilte hinzu, um ihn davon abzuhalten. Es zischte ihm zu: »Hör auf! Es ist sieben Uhr abends, nicht morgens! Du bringst noch alle durcheinander.«

Es machte sich zunehmend Sorgen, denn er fragte ständig das Gleiche und vergaß dennoch alles. Gegenüber den anderen versuchte er, seine zunehmende Gedächtnisschwäche durch wichtigtuerisches Gehabe zu überspielen. Das gelang ihm jedoch immer weniger. Zumindest körperlich war er noch fit, aber dem Huhn war klar: Der Hahn litt an einer Demenz.

Währenddessen hoppelte der Hase um die Ecke des Gemüsegartens. Genüsslich hatte er an einem Salat geknabbert, war satt und zufrieden, und nun wollte er nach Hause zu seiner Häsin.

Dort hatten sie es gemütlich, die zahlreichen Kinder waren zum Teil schon aus dem Bau, Enkel und Urenkel gab es in Hülle und Fülle. Am zerbrochenen Lattenzaun hielt er inne und blickte in das Tal.

»Die Welt ist so schön, man kann sich gar nicht vorstellen, irgendwann nicht mehr hier zu sein. Aber wenn das Ende kommt, sollte es schnell gehen: lieber ein Ende mit Schrecken als ein Schrecken ohne Ende«, murmelte er und verschwand hinter der nächsten Hecke.

Zur gleichen Zeit saß der alte Mann vor seinem Haus auf dem umgefallenen Baum, der ihm als Bank diente, und ließ sich das Gesicht von der untergehenden Sonne wärmen. Hier war er zu Hause, hier hatte er sein ganzes Leben verbracht, gearbeitet, Feste gefeiert und um seine verstorbene Frau getrauert. Inzwischen war er sehr alt geworden, die Knochen taten ihm manchmal weh und sein Gang war deutlich langsamer. Aber sein Geist war wach und sein Herz voll Wohlwollen und Güte.

Gerade hatte er seine Enkelkinder zu Bett gebracht. Sie liebten es, das Wochenende beim Opa zu verbringen. Zusammen hatten sie ein Vogelhaus gebaut, es angemalt und danach Pfannkuchen gebacken.

Als Gutenachtgeschichte hatte er ihnen Märchen aus fernen Ländern vorgelesen. Beim Zudecken hatten sie sich ganz fest an ihn gedrückt, sodass er ihre pochenden Herzen spüren konnte, und ihm gesagt: »Opa, wir haben dich sooooo lieb, du musst für immer, immer bei uns bleiben!« Das hatte ihn zutiefst berührt, aber auch nachdenklich gestimmt.

BAUERNHAUS

Als der Hase um die Hecke flitzte, sprach er ihn an: »He, na, hallo, wohin so schnell des Wegs? Du hast es aber eilig!«

»Ah«, antwortete der Hase außer Atem, »nach Hause!«, und dachte kurz nach. »Eilig habe ich es aber eigentlich nicht«, ergänzte er und ließ sich kurzentschlossen vom alten Mann auf den Baumstamm heben.

»Woran denkst du?«, fragte er ihn.

»Oh«, schmunzelte der alte Mann, »ich habe gerade darüber nachgedacht, was passiert, wenn es mit mir zu Ende geht. Also wenn ich krank würde und nicht mehr ausdrücken könnte, was mir wichtig ist. Wie ich behandelt werden möchte, wenn ich das nicht mehr selbst entscheiden kann, und was dann wohl mit mir passiert.«

»Hmmm ...«, machte der Hase und schaute ihn lange von der Seite an.

Vorsichtig fragte er: »Wie gern lebst du denn?«

Der alte Mann blinzelte in die untergehende Sonne. »Das ist aber etwas Schönes zum Nachdenken ... Eigentlich lebe ich schon noch ganz gern.«

» ›Eigentlich‹ ?«, fragte der Hase mit hochgezogener Augenbraue.

»Okay, ich lebe gern.«

»Aha«, sagte der Hase, »du lebst gern. Und ... was macht aus, dass du gern lebst?«

»Es geht mir gut. Ich fühle mich noch einigermaßen stark und kräftig, und ich mag es, dass ich das meiste selbst richten kann, ohne andere ständig um Hilfe bitten zu müssen. Und ich bin so froh, wenn meine Kinder und Enkel zu mir kommen, sie bedeuten mir so viel, und ihre Liebe zu spüren, wärmt mir das Herz.«

»... ›Kinder und Enkel‹ «, wiederholte der Hase.

»Ja«, sagte der alte Mann und seine Augen leuchteten. »Ich werde gebraucht, kann ihnen noch so viel mitgeben.«

» ›Mitgeben‹ ?«, fragte der Hase und schaute den alten Mann erwartungsvoll an.

»Wir machen Lagerfeuer, bauen Sachen aus Holz, schnitzen oder liegen im Schaukelstuhl und ich lese Geschichten vor, oder wir schauen nachts in die Sterne und zum Mond und erzählen uns was.«

»Oh, das ist schön«, sagte der Hase. »Also ich seh schon, die Familie ist dir ganz wichtig, und dass du dabei auch den anderen etwas geben kannst«.

»Die Familie ist mir auch wichtig«, fuhr der Hase fort, »aber noch wichtiger ist mir, dass ich herumhoppeln kann.« Sprach's, sprang vom Baumstamm und hoppelte wie wild im Kreis um den Baumstamm herum.

Der alte Mann sagte schmunzelnd: »Aha.«

Der Hase kam in einer Staubwolke zum Stehen und ergänzte eifrig: »Und denken können, also geistig fit zu sein, ist für mich ein Muss!«

»Oh ja, das sehe ich. Welche Bedeutung hat es denn für dich, noch möglichst lang weiterzuleben?«, fragte der alte Mann den Hasen und dachte unwillkürlich an den Jäger, den er letzte Woche am Waldrand gesehen hatte.

»So lange wie möglich, also viele Jahre«, sagte der Hase und lachte. »Ich habe noch so viel vor im Leben«, strahlte er den alten Mann an.

»Hmh«, murmelte der alte Mann und schwieg dann.

»Ja«, sagte der Hase eifrig, »noch mehr Kinder, noch mehr Salate essen und überhaupt muss der Bau erweitert werden ...«

»Und du?«, fragte er den alten Mann zurück. »Möchtest du denn noch lang weiterleben?«

»Eigentlich nicht unbedingt«, sagte der alte Mann leise. »Das Leben ist im Moment so schön und auch sehr schön gewesen. Wenn es noch ein wenig weiterginge, wäre ich darüber froh, aber wenn nicht ..., dann wäre es auch gut für mich. Ich will lieber rechtzeitig den Absprung schaffen, bevor mich der Absprung schafft, weißt du?«

»Also hat das lange Weiterleben für dich gar keine so große Bedeutung?«, fragte der Hase.

»Ja, das stimmt«, sagte der alte Mann und setzte den Hasen auf seinen Arm.

»Weißt du, das Älterwerden erlebe ich als steten Wandel und Transformation zu immer weniger TUN und immer mehr SEIN. SEIN ohne TUN, oder SEIN in dem EINEN bewussten TUN, zu immer mehr Langsamkeit, mit dem Tod als natürlichem Ende – das ist dann vielleicht nur noch SEIN, ganz ohne TUN.«

»Wenn du das so sagst, hört sich das Auf-das-Ende-Zugehen gar nicht so schlimm an«, dachte der Hase laut. Gemeinsam setzten sie ihren Weg über die Wiese in Richtung Teich fort. Die Blumen und Kräuter verströmten einen betörenden Duft. Es roch einfach wunderbar.

Da lief ihnen das Huhn über den Weg, es pickte hektisch auf der Wiese herum und wirkte ziemlich rast- und ziellos.

Der Hase stupste den alten Mann an und flüsterte ihm zu: »Und andere sind immer mehr im TUN und kommen gar nicht so recht in das eigentliche SEIN.«

»Ja, das stimmt«, sagte der alte Mann und schaute den Hahn an, der ratlos dem Huhn hinterherlief. »Aber es ist schon gut zu überlegen, was einem wichtig ist im Leben und was einem Angst macht. Oft merkt man erst, wenn man krank wird, dass Leben ja viel mehr ist, als nur zu überleben.«

TEICH

Der alte Mann setzte sich mit dem Hasen auf den kaputten Steg am Teich. Das Schilf wiegte sich sanft hin und her, als ein warmer Luftzug hindurchfuhr. So, als ob jeder Halm den Kopf überlegend mal nach links, mal nach rechts legen würde. Eine Libelle wich den Halmen geschickt aus. Es sah fast wie ein Tanz aus, auf jede Aktion der Schilfhalme folgte eine grazile Reaktion der Libelle. Gar nicht so einfach im Leben, seinen eigenen Weg zu finden, wenn man vor lauter reagieren gar nicht mehr agiert.

»Hast du mal über das Sterben nachgedacht?«, wollte der alte Mann nun vom Hasen wissen.

»Oh ja«, nickte der Hase eifrig, »gerade vorhin.«

»Ach so«, erwiderte der alte Mann überrascht, »... und?«

»Na ja, nix ›und‹ ... wenn es kommt, dann kommt es, und dann soll es schnell und unkompliziert gehen!«

Der alte Mann dachte wieder an den Jäger und machte eine nachdenkliche Pause, gefolgt von einem »Hmmm ...«.

»Aber wenn der Tod ganz plötzlich, zum Beispiel heute Nacht, kommen würde?«, fragte er vorsichtig.

Der Hase schaute ihn erschrocken an: »Was, heute Nacht schon? Na, das wäre aber viiiieeeeeel zu früh! Muss noch so viel erledigen, nee, warte mal, nicht ›muss‹, ich will noch so viel erledigen und vor allem erleben! Genau das ist mir wichtig, erLEBEN, verstehst du? Nicht verSTERBEN!«

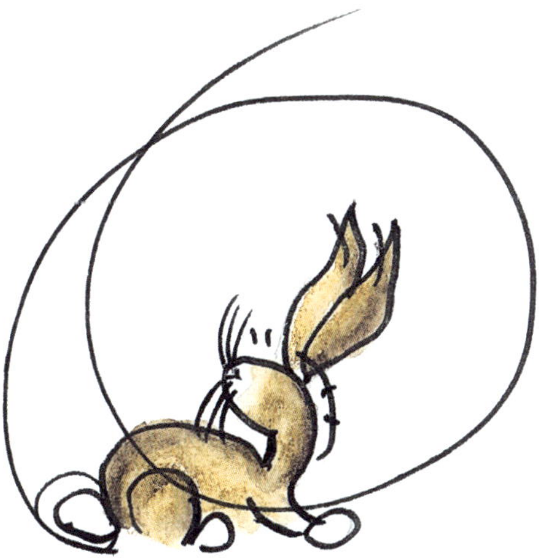

»Ja, ja, hab ich verstanden«, sagte der alte Mann und streichelte dem Hasen über den Kopf. Die Abendsonne spiegelte sich auf dem Teich.

»Du etwa nicht?«, wollte der Hase wissen.

»Ach, weißt du«, sponn der alte Mann seinen Gedanken von vorher weiter, »ich bin schon sehr alt geworden und ich bin sehr zufrieden, habe mein Leben gelebt. Wenn die Zeit kommt, sterben und heimgehen zu dürfen, dann sträube ich mich nicht.«

»Was meinst du genau mit ›heimgehen dürfen‹ ?«, fragte der Hase leise.

»Nun, dorthin gehen, wo wir herkommen, wo wir wirklich hingehören, wo ich meine verstorbene Frau wiedersehen kann, wie immer es auch dort aussehen mag, weitergehen im Kreislauf der Natur.«

Jetzt machte der Hase eine lange Pause, gefolgt von einem »Verstehe …«. Seine Augen wurden feucht, als er sagte: »Ich würde dich ganz schön vermissen.«

»Ich dich auch, aber ich würde auf dich aufpassen von da oben. Und wenn der Jäger mit seiner Flinte auf dich zielt, würde ich ihn mit einem Sonnenstrahl in der Nase kitzeln, damit er niesen muss!«

»Das würdest du machen?«, lachte der Hase und sprang in einem hohen Bogen mit einem Kopfsprung in den Teich.

Als er wiederauftauchte, prustete er: »Na, das wird ja lustig, dann würde ich ja bei jedem Sonnenstrahl an dich denken.«

»Dann schauen wir mal, wie das Wetter so wird«, zwinkerte der alte Mann ihm zu.

»Aber Moment mal«, sagte der Hase, nachdem er aus dem Teich geklettert war. Er schüttelte sich trocken und wrang seine langen Löffel aus.

TRAMPELPFAD

Dann stellte er sich vor den alten Mann auf dem Trampelpfad hin und stemmte seine Pfoten in die Hüften.

»Darf denn die Medizin überhaupt noch dazu beitragen, dein Leben in einer Krise zu verlängern?«

»Ach, weißt du«, sagte der alte Mann, »ich glaube, eher nicht. Die Chancen, dass ich da wieder gut rauskomme, sind doch eh gering.«

»Das kommt darauf an«, verbesserte ihn der Hase energisch. »Es gibt ja solche und solche Krisen. Die Frage ist, ob du generell wollen würdest, dass dein Leben erhalten wird.«

»Ja, das mag sein. Schwierige Frage … Eins kann ich dir aber gleich sagen: Ich will nicht noch mal in ein Krankenhaus.«

»Das kann ich verstehen«, meinte der Hase und schwieg. Sie setzten langsam ihren Weg in Richtung Waldrand fort. Der alte Mann starrte vor sich in die Luft. Als er den Hasen wieder ansah, fragte dieser:

»Was macht dir denn Angst vor dem Krankenhaus?«

»Ich habe an sich keine Angst, ins Krankenhaus zu gehen, ich habe aber Sorge, dass ich es dann nicht mehr nach Hause schaffen würde. Ich gehöre doch hierher, bis zum Schluss … und gut in Schuss!« Der alte Mann kicherte leise über seinen Kalauer.

»Ja, das stimmt«, antwortete der Hase und kratzte sich hinter den Ohren.

Ein Schmetterling hatte sich auf seine Schulter gesetzt, als er sagte: »Bei mir ist das anders. Ich gehöre ja auch hierher. Aber bei mir dürfte man schon alles versuchen, dass mein Herz und ich auf allen vier Pfoten weiter freudig durch das Leben hüpfen. Ich glaube, ich würde da schon einiges an Belastungen auf mich nehmen.«

Nachdenklich fügte er hinzu: »Ich hätte eher Sorge, dass man mich zu früh aufgibt und nicht mehr alles versucht, was möglich ist.«

WALDRAND

Sie hatten den Waldrand erreicht. Zwei Eichhörnchen waren emsig damit beschäftigt, die Nüsse für den Wintervorrat zu verstauen. Ein Buntspecht hämmerte heftig in den Stamm einer hohen Tanne, um sich eine neue Baumhöhle zu bauen.

Dass der dabei keine Kopfschmerzen bekommt, ist auch ein Wunder der Natur, dachte der alte Mann und sagte laut:

»Ja, das merke ich, zu früh aufzugeben, das wäre nicht in deinem Sinne.« Er hatte seinen Arm um die schmalen Hasenschultern gelegt.

»Wo wäre denn für dich eine Grenze? Wann würdest du nicht mehr weiterleben wollen?«

»Oh«, antwortete der Hase, während sie weiter in Richtung Fluss gingen, »da muss ich kurz nachdenken«, und legte seinen Kopf schief. »Ich glaube, ich würde kein Pflegefall sein wollen.«

»Ach, das ist ja interessant«, entfuhr es dem alten Mann. Er versuchte krampfhaft, sich den Hasen als Pflegefall vorzustellen. Ging aber nicht. Da fragte er: »Was meinst du denn genau mit ›Pflegefall‹ ?«

»Na ja, im Bett liegen, nicht mehr aufstehen können, nicht mehr klar denken können. Ist mir beides wichtig, mobil sein, aber auch denken können. Das Denken ist ja die Voraussetzung, um mit meiner Familie in Kontakt und Austausch zu sein.«

»Ach, ich weiß nicht«, meinte der alte Mann. »Mit der Familie kann man über viele Ebenen in Kontakt sein.«

»Das stimmt, aber mit geistiger Fitness macht es mehr Spaß«, erwiderte der Hase und dachte an die vielen lustigen Geschichten beim Ostereiermalen mit seinen Hasenkindern.

»Nee, nee, das ist schon richtig und wichtig, das mit der geistigen Klarheit«, bekräftigte er.

»Und bei dir? Wo ist deine Grenze?«

»Ach«, antwortete der alte Mann gelassen, »manchmal denke ich, die ist bereits überschritten.«

»Was heißt das?«, wollte der Hase genauer wissen.

»Das heißt: Im Grunde möchte ich schon jetzt nicht mehr, dass mein Leben von den Ärzten erhalten wird, wenn ich mal lebensbedrohlich krank würde und gar nicht mehr selbst entscheiden könnte.«

»Gar nicht?«, hakte der Hase nach.

Der alte Mann schüttelte den Kopf.

»Auch nicht ein kleines bisschen?«, ließ der Hase nicht locker.

»Nein, noch nicht mal ein kleines bisschen.«

»Aber du hast doch noch so viel Spaß mit deinen Enkeln, das wäre dann ja alles weg!«

»Ja, das ist richtig.« Der alte Mann schaute in die Ferne und dachte nach. »Aber ich glaube, es wäre für mich gut so. Wenn der Zeitpunkt kommt, dann darf er kommen – ich bin darauf vorbereitet loszulassen. Wenn ich mal mit dem Sterben begonnen habe, möchte ich eigentlich nicht mehr damit aufhören«, antwortete er verschmitzt.

FLUSS

Sie hatten den Flusslauf erreicht, sich in das geflickte Kanu gesetzt und ließen sich sanft schaukelnd von der Strömung treiben. Ab und zu korrigierte der alte Mann mit ein paar gezielten Paddelschlägen die Richtung, sodass sie nicht in den Trauerweiden am Ufer landeten.

Der Hase saß vorne und hielt Ausschau, ließ eine Pfote in den Fluss hängen und malte Muster und Wirbel auf die ruhige Wasseroberfläche. Diese hielten sich jedoch nur kurz, bis sie vom sanften Fließen wieder verwischt wurden und verschwanden. Der Hase drehte sich um und sah den alten Mann an.

»Also, jetzt lass uns mal konkret werden«, verlangte der Hase. »Achtung, Notfall! Du hättest eine schwere Lungenentzündung, wärst durcheinander, könntest dich nicht mehr klar äußern.

Würdest du wollen, dass man versucht, dein Leben zu erhalten ..., oder nicht?«

»Lieber nicht.«

» ›Lieber nicht‹«, wiederholte der Hase. »Das heißt, wenn du eine Lungenentzündung bekommen würdest, dann sollte man alles tun, um es dir angenehm zu machen, Medikamente gegen Atemnot, gegen Fieber und Schmerzen und feste in eine Decke einwickeln. Und wenn er anklopft, der Tod, dann soll die Tür für ihn offen stehen dürfen.«

Der alte Mann nickte und lächelte leise vor sich hin. Der Gedanke schien ihm zu gefallen.

Aber der Hase gab sich noch nicht zufrieden. »Denk noch mal nach! Und denke an deine Kinder und Enkel. Die Alternative wäre: Du bekommst Medikamente, um die Lungenentzündung wieder loszuwerden. Eine Woche im Krankenhaus oder vielleicht sogar wenige Tage auf der Intensivstation ... jaja, ist ja schon gut«, unterbrach sich der Hase, als er sah, dass der alte Mann energisch den Kopf schüttelte. »Ich weiß. Nicht mehr ins Krankenhaus. Aber Infusionen und starke, lebenserhaltende Medikamente könnte dir doch dein Arzt zumindest hier zu Hause geben, warum denn nicht?!«

Eine lange Weile sagte keiner der beiden etwas. Der alte Mann dachte darüber nach, was der Hase gesagt hatte. Und der Hase dachte für einen Moment, dass sie bald beim Gemüsegarten des alten Mannes ankommen würden.

»Nein, das wäre für mich keine Alternative. Wenn er kommt, der Tod, dann wäre es halt so, und es wäre gut«, sagte der alte Mann und lächelte dabei.

»Weißt du, ich bin froh, dass wir darüber sprechen. Es tut mir gut, das so sagen zu können«, fügte er hinzu.

»Ei, ei, ei«, sagte der Hase und stützte sein Kinn auf die Pfote. »Also, nur, dass du es weißt, bei mir wäre das nicht so, mich bitte prontissimo in die Hasenklinik schicken.«

»Alles klar. Prontissimo in die Hasenklinik. Gut, und wie dann weiter?«, wollte der alte Mann wissen.

»Dann alles, was geht und notwendig ist! Gucken, was passiert ist, Blut abnehmen, Bilder von innen machen, Hasenmedikamente geben und so weiter.«

»Auch mit einem Beatmungsschlauch im Hals, falls die Atmung zu schwach wäre?«, wollte der alte Mann wissen.

»Klar!«, nickte der Hase eifrig. »Im Notfall, wenn nötig, bitte mit Beatmungsschlauch im Hals. Aber wenn es länger dauern würde, müssten wir das noch mal besprechen, denn ewig will ich da nicht dranhängen!«

»Und wenn dein kleines Hasenherz jetzt plötzlich aufhören würde zu schlagen?«

»Oh, dann wäre ich ja ziemlich direkt danach tot«, sagte der Hase zaghaft.

»Ja, das stimmt. Man könnte halt eine Herzdruckmassage versuchen, eine Reanimation«, meinte der alte Mann. »Damit das Blut weiter zu allen Organen fließt. Manchmal klappt das.«

»Das ist gut«, sagte der Hase eifrig, »damit würde ich sofort beginnen.«

Der alte Mann lachte: »Das geht nicht, man kann sich nicht selbst reanimieren, Du wärst dann ja weg.«

»Weg?« Der Hase wirkte etwas gestresst.

»Na ja, bewusstlos. Du würdest das alles nicht mitbekommen und könntest aber auch nichts mehr selbst machen. Die Herzdruckmassage müsste schon ich durchführen.«

»Ah, das wäre gut.« Der Hase entspannte sich wieder. »Aber nicht zu feste drücken!«

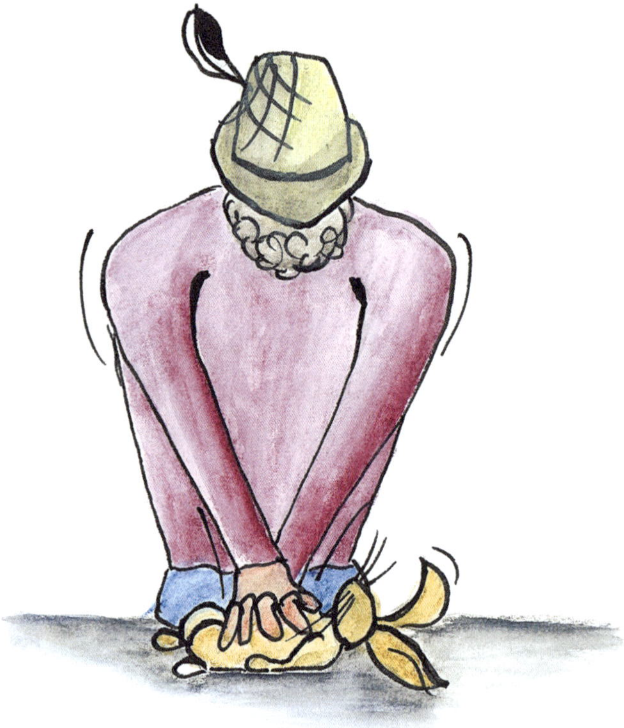

»Nein, natürlich nicht, aber trotzdem feste genug, damit es auch was bringt!« Der alte Mann wurde ein wenig nachdenklich.

»Aber du weißt schon, dass die Chancen, so eine Reanimation zu überleben, gar nicht so groß sind?«

»Wieso?«, wollte der Hase genauer wissen.

»Wenn man genau hinschaut: Von denen, die reanimiert wurden, verlässt nur etwa jeder Zehnte wieder lebend und in gutem Zustand das Krankenhaus.«

»Oh, das sind wenige!«

Sie überholten mit ihrem Kanu einen Schwarm von zehn dicken Forellen, die träge in der Strömung standen, sich treiben ließen und hin und wieder ein wenig mit den Flossen gegensteuerten, um nicht zu weit abgetrieben zu werden.

»Na, das ist ja ein Ding!« Der Hase schüttelte den Kopf. »Hätte da mehr erwartet! Auf der anderen Seite ist es aber auch ganz okay. Wenn es klappt, ist es gut, und wenn es nicht klappt, bin ich halt tot. Also, ich bin dafür, im Notfall bitte drücken! Aber nicht zu feste …«

»Okay, das ist gut zu wissen«, sagte der alte Mann. Sie hatten das Kanu ans Ufer gezogen, an einer jungen Eiche gründlich vertäut und den Hof fast wieder erreicht.

GEMÜSEGARTEN

Gemeinsam gingen sie zum Gemüsegarten. Dort zog der alte Mann eine Möhre aus dem Boden, in die der Hase herzhaft hineinbiss.

»Das ist schön, mit dir darüber zu sprechen«, sagte der Hase mit vollem Mund, »irgendwie beruhigend.«

»Ja, das finde ich auch«, sprach der alte Mann und lächelte dabei. Zusammen schauten sie lange ins Tal.

»Wer soll denn für dich sprechen, wenn du es selbst nicht mehr kannst?«, wollte der alte Mann wissen. »Wer kennt dich so gut, dass du ihm erstens zutraust, dass er in deinem Sinne entscheiden würde, und zweitens, dass er auch gegenüber anderen den Mut und die Kraft hätte, diese Entscheidung durchzusetzen?«

»Meine Frau, die kann das«, erwiderte der Hase prompt. »Die lässt sich nicht so schnell kleinkriegen, die hat Hasenpower!«

»Das ist ja ein großes Glück!«, lachte der alte Mann. Aber dann musst du auch mit ihr reden, dass sie genau im Bilde ist und weiß, was du wirklich willst.«

HÜHNER
STALL

Sie waren gemeinsam am Hühnerstall angekommen. Der Hahn hatte die Hühner rausgescheucht und sich auf ein mit Eiern gefülltes Nest gesetzt.

Ab und zu rutschte er ein wenig von links nach rechts und gluckste zufrieden.

Eine Hälfte der Küken hatte sich mit Kohle schwarz angemalt und spielte mit der anderen, gelben Hälfte »Drei gewinnt«.

»Weißt du«, setzte der alte Mann an, »manchmal ist das Leben verwirrend und harmonisch zugleich. Als meine Frau so krank geworden ist, haben wir gelernt, dass volles Leben bedeutet, Leiden zu akzeptieren. Menschsein geschieht nicht trotz des Leidens – es geschieht mit ihm. Wenn es um Chancen und Risiken geht, malen viele Ärzte das Bild viel rosiger, als es ist. Ich glaube, sie wollen in erster Linie ihre Patienten schützen, aber auch sich selbst.

Dabei ist es viel einfacher, mit der Wahrheit zu leben und damit zurechtzukommen, als mit Hoffnungen, bei denen man ahnt, dass sie sich nicht erfüllen werden.

Wenn über Behandlungsmöglichkeiten gesprochen wird, fangen viele Patienten mit den Worten an: ›Wenn ich eine Wahl hätte, würde ich …‹ Aber wir haben tatsächlich eine Wahl! Die Ärzte sind die medizinischen Experten, aber wir sind doch die Experten für das, was für uns das Richtige ist!

Wenn wir wirklich alle möglichen Optionen kennen, mit ihren Chancen und Risiken, dann können wir uns auch entscheiden, was für uns gut ist. Ganz individuell, das ist die beste Behandlung.«

»Und jetzt überlegen wir, was für mich die beste Behandlung im Krankenhaus ist?«, wollte der Hase wissen.

»Genau. Die Situation ist folgende: Du bist in der Hasenklinik, kannst gerade nicht selbst entscheiden.«

»Okay«, nickte der Hase eifrig, »kann ich mir vorstellen.«

»Was stellst du dir denn da so vor?«, wollte der alte Mann wissen.

»Ach, diese besagte schwere Lungenentzündung, oder ein schwerer Schlaganfall. Zack, bumm, halbe Hasenseite gelähmt, nicht mehr sprechen können und ab ins Koma.«

»Ja, genau. Um solche Situationen geht's«, bestätigte der alte Mann. »Und dann ist die Frage: Soll man in solch einer Situation versuchen, dein Leben weiter zu erhalten, oder eher nicht?«

»Also, ich glaube eher schon ...« Der Hase grübelte. »Wie komm ich denn da wieder raus?«

»Das hängt von der Prognose ab, die kennt man ganz gut, wenn du schon einige Tage im Krankenhaus warst. Die Prognose sagt etwas darüber aus, wie viele von hundert Hasen in derselben Situation, in der du dann wärst, einen günstigen Verlauf hätten ... und wie viele einen ungünstigen. Nur welchen dieser Verläufe gerade du haben wirst, das weiß die Prognose auch nicht.«

»Aber wie soll ich anhand einer unbekannten Prognose entscheiden, wenn sie mir nicht sagt, wie es gerade bei mir ausgehen wird?«

»Ja, das klingt schwierig«, sagte der alte Mann, »aber Entscheidungen auf der Basis einer Prognose mit unbekanntem Ausgang in deinem Einzelfall triffst du ja auch jetzt schon im Alltag, immer wieder.«

»Was, ich?« Der Hase schüttelte den Kopf.

»Doch!«, erwiderte der alte Mann. »Nehmen wir als Beispiel mal die Regenwahrscheinlichkeit und die Frage, ob du einen Schirm mitnimmst oder nicht. Da gibt es eine Prognose, dass es mit einer Wahrscheinlichkeit von siebzig Prozent regnet. Nimmst du einen Schirm mit oder nicht?«

»Bei siebzig Prozent? Auf keinen Fall! Ich will mich doch nicht mit einem Schirm belasten, den ich rumschleppen muss. Bei mir muss das schon eher hundert Prozent sein. Also hundert Prozent Risiko für das Eintreten des Zustands, das ist, wie ich schon sagte, der Zustand, in dem ich nicht mehr denken kann«, nickte der Hase eifrig. »Denn du weißt ja, falls es absehbar wird, quasi sicher, dass ich im Köpfchen nicht mehr fit bin, wenn ich fremde Hilfe bräuchte, weil ich Namen vergessen würde und nicht mehr orientiert wäre, dann sollen die Hasenärzte bitte aufhören, mein Leben zu erhalten. Das soll aber erst sein, wenn es sicher ist und nicht nur zu siebzig Prozent wahrscheinlich. Wenn man bei siebzig Prozent schon aufgäbe, würde ich ja eine Chance von dreißig Prozent verschenken.«

»Ja, das stimmt«, erwiderte der alte Mann.

Sie hatten sich auf eine Bank gesetzt. Da fing es an zu regnen. Der alte Mann nahm den Hasen mit unter seinen Regenschirm.

»Na, das passt ja«, grummelte der Hase. »Die Prognose für Regen war heute nur siebzig Prozent, aber du hast natürlich einen Schirm dabei.«

»So sind unsere individuellen Festlegungen auch bei gleichen Prognosen manchmal unterschiedlich«, schmunzelte der alte Mann und rückte etwas näher an den Hasen ran, damit dieser nicht nass wurde.

REGEN

Lange saßen sie da und sagten gar nichts. Der Regen prasselte auf den Schirm und lief daran in langen Bächen um sie herum herab. Dunkle Wolken hatten sich aufgetürmt.

Da meinte der Hase: »Ich hab wirklich richtig Angst vor dem Zustand, wenn ich geistig nicht mehr fit wäre.«

»Was macht dir da Angst?«, wollte der alte Mann genauer wissen.

»Schwer zu sagen. Ich glaube, ich habe Sorge, dass ich dann nicht mehr ich bin, dass ich da einfach liege, nichts mehr machen kann und andere über mich bestimmen.

Stell dir das mal vor, wie bei einer Demenz oder im Wachkoma! Da liegt man im Bett und wird vielleicht aggressiv und schreit den ganzen Tag nach seiner Mama.«

»Nun, ja«, sinnierte der alte Mann, »das ist dann natürlich schon ein sehr fortgeschrittenes Stadium. Meist gibt es ja ein paar Stufen davor.

Schau dir den Hahn an, der ist zwar geistig nicht mehr ganz fit und kann sicher auch keine weitreichenden Entscheidungen mehr treffen, aber insgesamt wirkt er doch ganz glücklich und zufrieden.

Du kennst ihn ja, wenn er mit stolzgeschwellter Brust vom Ententeich dahergestapft kommt und murmelt: ›Vertan, vertan, sprach der Hahn, als er von der Ente kam.‹

Da hat man doch nicht das Gefühl, er würde nicht mehr leben wollen, oder?«

»Nein, das stimmt schon, wenn ich es mir so überlege, spielt die Freude am Leben vielleicht doch noch eine Rolle. Aber wer beurteilt das dann? Ich selbst kann es ja nicht mehr.«

»Das ist wahr, das müssten dann deine Lieben tun, deine Frau oder deine Kinder«, stimmte ihm der alte Mann zu.

»Gäbe es denn noch andere Grenzen, ab wann du zum Beispiel bei einer Demenz nicht mehr willst, dass versucht wird, dein Leben zu erhalten?«

»Ja ..., wenn ich aggressiv werden würde«, antwortete der Hase.

»Na, da wäre dann die Freude am Leben ja auch weg, vermute ich mal«, meinte der alte Mann und grinste.

»Oh ja, das stimmt. Aggression macht keine Freude UND keine Freunde.« Er knuffte den alten Mann in die Hüfte. »Aber wenn ich die Familie nicht mehr erkennen würde, das wäre auch so eine Grenze.«

»Okay, aber du weißt schon, dass deine Familie recht groß ist?«, lachte der alte Mann.

»Ja, ja, aber trotzdem«, beeilte sich der Hase eifrig zu versichern.

»Also, wenn du eine Demenz hättest, wie der Hahn, aber noch Freude am Leben und auch noch deine Familie erkennen würdest, sollte man noch versuchen, dein Leben zu erhalten, falls es zu einer lebensbedrohlichen Situation kommt?

Wenn die Freude jedoch weg wäre oder du sogar aggressiv werden würdest, dann nicht mehr?«

»Genau, dann Schluss und aus die Maus!«

» ›... und aus die Maus‹ «, wiederholte der alte Mann.

In der Ferne zuckte noch ein Blitz und man konnte ein letztes schwaches Grummeln des Donners hören.

»Ja«, strahlte der Hase. »Puh, jetzt ist es mir aber ein ordentliches Stück leichter ums Herz geworden.«

Der alte Mann nickte. »Meist ist es schlimmer, die Vorstellung zu verdrängen, als über die Vorstellung zu sprechen und ihr einen Namen zu geben.«

»Über die Vorstellung zu sprechen, heißt ja nicht, dass sie kommt. Es bedeutet nur, man wäre vorbereitet, WENN sie wahr wird«, fügte der Hase hinzu.

»Ja, und vor allem würde es einem viel besser gehen, weil es dann so läuft, wie man es selbst für sich entschieden hat!«

OBSTGARTEN

Der Regen hatte aufgehört, Sonnenstrahlen brachen durch die Wolkendecke hervor. Der Hase hatte den alten Mann an die Pfote genommen und sich mit ihm in dem Obstgarten unter einen Apfelbaum gesetzt.

»Wenn es Richtung Ende geht, wer wären für dich wichtige Menschen?«, wollte der Hase wissen.

»Meine Kinder, Enkel und du natürlich. Ich möchte mich unbedingt verabschieden können, bevor ich dann weg bin.«

»Weg?«, protestierte der Hase. »Also weg bist du ganz sicher nicht, du wärst halt woanders, aber für mich immer noch da!«

»Das ist schön zu wissen.«

»Ja, und wichtig, vergiss nicht, den Jäger mit den Sonnenstrahlen zu kitzeln«, beharrte der Hase.

»Oh, natürlich«, bestätigte der alte Mann.

Sie stapften zwischen den Obstbäumen umher. Die feuchte Wiese dampfte nach dem Sommerregen.

»Was hast du denn für Vorlieben?«, wollte der Hase wissen, »falls ich dich pflegen muss?«

»Hm, ich mag gutes Essen, französische Küche, frisch zubereitet mit viel Geschmack, und Süßspeisen wie Milchreis mit roter Grütze, Grießbrei und Eclairs mit Vanillecreme. Und natürlich gute Musik, am liebsten Blues, das würde wohl auch stimmungsmäßig gut passen.«

»Aha«, sagte der Hase und kratzte sich ein wenig nachdenklich hinter dem Ohr. Vielleicht war das mit dem Pflegen doch nicht ganz so einfach, wie er sich das vorgestellt hatte. »Und was magst du gar nicht?«

»Fertiggerichte, ignorantes Verhalten, Überheblichkeit und primitive Fernsehserien.«

»Oh, là, là«, schmunzelte der Hase, »das kam aber von Herzen!«

»Gibt's was Besonderes zu berichten an Wünschen hinsichtlich Pflege, Berührung und Scham?«, fragte der Hase weiter.

»Nein, nein«, lachte der alte Mann, »alles gut, ich bin mit allem einverstanden, das gemacht werden muss, egal wo und von wem!«

»Das ist ja einfach«, nickte der Hase anerkennend.

»Wie schaut's aus hinsichtlich Religion, Spiritualität und Seelsorge?«

Der alte Mann antwortete: »Also, ich sag mal so, ich glaube schon, allerdings nicht an die Kirche, man könnte das so zusammenfassen: Ich bin gläubig, aber kritisch!

Wenn der Pfarrer vorbeikommen würde, dann würde ich mich aber schon freuen. Ich mag ihn einfach als Mensch. Er sollte möglichst nicht zu spät vorbeischauen, sodass ich mich mit ihm noch unterhalten kann!«

»Und ein guter letzter Ort, was das Versterben angeht, hattest du ja schon gesagt, wäre hier zu Hause, stimmt's?«

»Ja, unbedingt!«

»Und danach?«, wollte der Hase wissen.

»Oh, am liebsten wäre mir, wenn meine Asche in einer Urne hier vergraben wäre, in der Erde um den Baum, unter dem wir gerade stehen. Dann hätte ich das Gefühl, mein Körper würde in den Kreislauf zurückkehren, wieder zu Erde werden, den Baum düngen, Kraft in

seine Blüten und Früchte geben, um dann irgendwann als reifer roter Apfel am Baum zu hängen ... Der dann gepflückt wird, um jemandem Freude zu bereiten, oder sich im Herbst voll Vertrauen fallen und loslässt.«

»Oh ja, und dann fange ich ihn auf!«, sagte der Hase, sprang lachend vom Arm des alten Mannes, drehte sich noch einmal um, um zu winken, und flitzte um die Hecke, nach Hause in seinen Bau.

Er musste unbedingt seiner Häsin alles erzählen, damit sie auch genau wüsste, was er für den Fall der Fälle wollen würde.

Damit es nicht immer zu früh ist, bis es zu spät ist, um mit solchen Gesprächen zu beginnen.

ENDE

Anhang

Wie schön, dass Sie dieses Buch durchgeblättert, angeschaut und gelesen haben. Auf den vorherigen Seiten haben Sie einen Hasen und einen alten Mann kennengelernt, die gemeinsam überlegen, wie sie behandelt werden wollen, wenn sie darüber nicht mehr selbst entscheiden können. Ich hoffe, dass die unterschiedlichen Einstellungen und Aussagen der beiden Sie dazu angeregt haben, über genau solche Fragen nachzudenken.

Auf den folgenden Seiten ist viel Platz, auf dem Sie Ihre eigenen Gedanken zu Papier bringen können. Kritzeln Sie hinein, streichen Sie durch, fügen Sie Neues hinzu. Die Fragen sind durch die kleinen Bilder zu den entsprechenden Gesprächsabschnitten und den Orten, an dem sie stattfanden (wie: »am Bauernhaus«, »am Teich«, »auf dem Trampelpfad« etc.) verknüpft. Somit können Sie nachlesen, welche Gedanken der alte Mann oder der Hase zu den jeweiligen Themen äußerten.

Das Allerwichtigste ist jedoch: Tauschen Sie sich mit Ihren Liebsten aus. Das hat zwei Gründe: Erstens bekommen die eigenen Gedanken durch den Austausch mit anderen noch mal eine neue Tiefe. Es darf gern kritisch hinterfragt werden, im Sinne von »Warum ist das bei dir so?« oder »Wäre dann für dich wirklich schon eine Grenze erreicht und du würdest in diesem Zustand nicht weiterleben wollen?«. Seien Sie im positiven Sinne neugierig. Wenn man sich sehr nahesteht, dann ist dies teilweise gar nicht so einfach, da man selbst mitbetroffen ist. Es kann auch hilfreich sein, diese Fragen mit jemandem durchzusprechen, dem man vertraut, der einem aber auch immer wieder den Spiegel vorhält.

Und zweitens: Wenn Ihre Gedanken für den Fall, dass Sie sich nicht mehr selbst äußern können, schriftlich niedergelegt sind, können Ihre rechtlichen Vertreter (Bevollmächtigter oder Betreuer) Ihren Willen umsetzen. Wenn die Menschen um Sie herum aus persönlichen Gesprächen mit Ihnen wissen, was in Ihrem Sinne wäre, wissen sie auch, was zu tun ist.

Über die Vorsorge im Notfall zu sprechen, kann allerdings auch schwierig sein. Aus diesem Grund wurden weltweit sogenannte Advance-Care-Planning-Projekte (deutsch: »Behandlung im Voraus planen« oder »gesundheitliche Versorgungsplanung«) entwickelt, um die Menschen bei diesen Überlegungen zu unterstützen und zu eigenen Festlegungen zu befähigen. Dabei steht das Gespräch im Vordergrund, meist mit einem speziell ausgebildeten Gesprächsbegleiter (siehe die Links im Anhang). Ihr Hausarzt oder Ihre Hausärztin kann Sie ebenfalls unterstützen.

Empfehlenswert ist es, sich zu einigen Fragen schon im Vorfeld Gedanken zu machen. Dabei wünsche ich Ihnen von ganzem Herzen viel Muße, tiefe Reflexionen und auch den Mut, sich selbst einen offenen und ehrlichen Besuch abzustatten. Hören Sie sich und auch Ihren Liebsten, die ein derartiges Gespräch mit Ihnen suchen, gut zu, fragen Sie nach und schreiben Sie auf!

Alles erdenklich Gute,
Ihr Berend Feddersen

Auf den folgenden Seiten habe ich:

____

Vorname, Name

meine Gedanken aufgeschrieben.

Ich habe mich mit folgenden Personen ausgetauscht:

____

Vorname, Name

____

Vorname, Name

Meine Überlegungen sollen bei eingetretener Einwilligungsunfähigkeit zur Ermittlung meiner Wünsche herangezogen werden, zum Beispiel als Ergänzung zu meiner Patientenverfügung.

____

Ort, Datum

____

Unterschrift

Wie gern lebst du?

Was macht dein Leben reicher?

Was bedeutet für dich Glück?

Welche Bedeutung hat es für dich, noch lange weiterzuleben? Warum ist das so?

Was würdest du noch gerne tun,

bevor du »den Löffel abgibst«?

Was denkst du ganz allgemein über das Sterben?

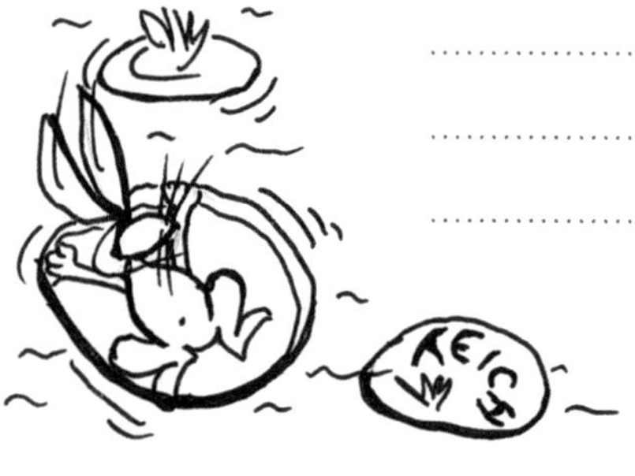

Was würde es JETZT in dir auslösen, wenn du wüsstest, dass du morgen nicht mehr aufwachen würdest, weil du heute Nacht friedlich eingeschlafen bist?

....

....

....

....

....

....

....

Wie wäre das mit dem Zeitpunkt »heute« Nacht? Wäre das zu früh, zu spät oder genau passend?

....

....

....

....

....

....

....

....

....

Was wäre dir in der Phase des Sterbens wichtig?

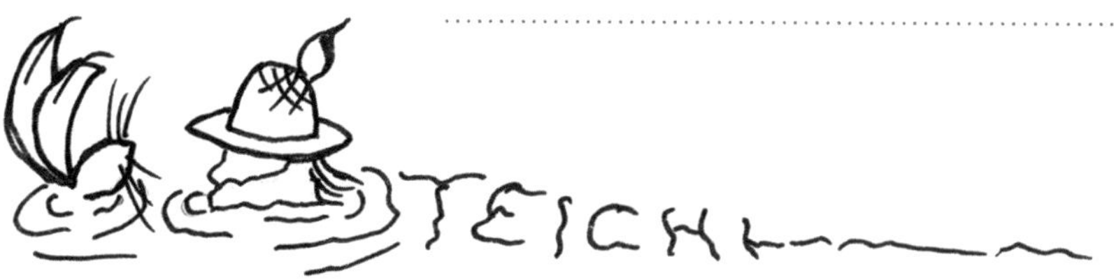

Was, glaubst du, passiert mit dir nach dem Tod?

Darf eine medizinische Behandlung dazu beitragen, dein Leben in einer Krise zu erhalten?

(Hierbei ist keine spezifische Krise gemeint, sondern ganz generell die Bereitschaft gegenüber Maßnahmen, die das Leben weiter erhalten sollen.)

Welche Belastungen und Risiken

würdest du in Kauf nehmen?

Welche Sorgen oder Ängste bewegen dich, wenn du an künftige medizinische Behandlungen denkst? Worauf gründen diese Befürchtungen?

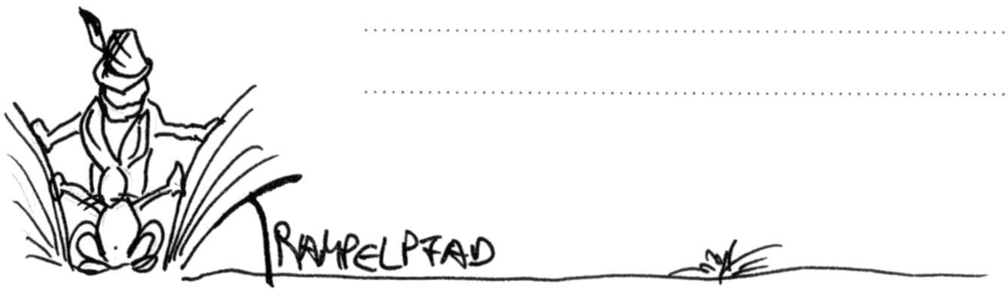

Gibt es konkrete Situationen, in denen du nicht mehr lebensverlängernd behandelt werden willst? Welche sind das?

Sind in diesem Zusammenhang eigene oder die Erfahrungen anderer Personen mit konkreten Erkrankungen oder Behandlungen von Bedeutung?

Wer soll für dich sprechen, wenn du deinen Willen nicht mehr äußern kannst?

Ist diese Person schon bevollmächtigt, zum Beispiel durch eine Vorsorgevollmacht oder Betreuungsverfügung?

Habt ihr schon darüber gesprochen, was dir hinsichtlich medizinischer Behandlung wichtig ist?

Welche Menschen sind außerdem wichtig für dich?

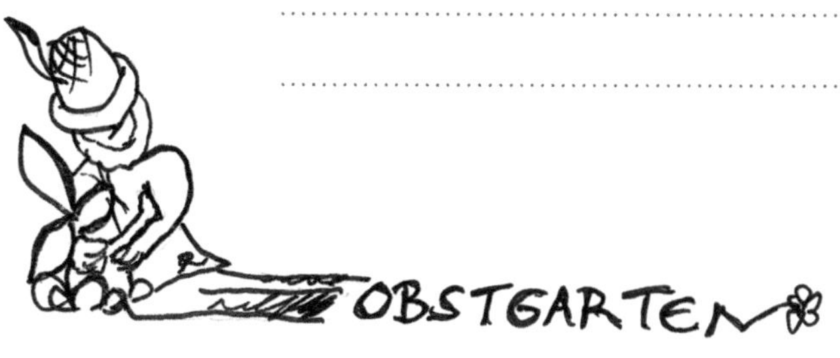

Was hast du für Vorlieben? (Zum Beispiel Musik, Lieblingsgerichte, Getränke, Umgebung, Düfte, Lebensanschauungen, Ideale ...)

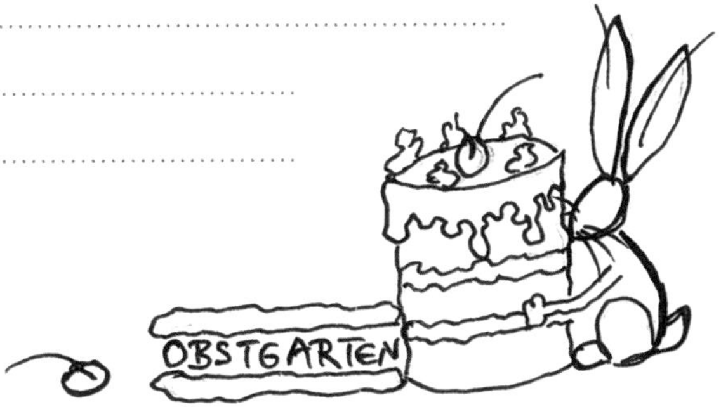

Was hast du für Abneigungen?

Gibt es Besonderheiten hinsichtlich Pflege, Berührung und Scham?

Wen würdest du als Erstes fragen,

wenn du Hilfe auf der Toilette brauchen würdest?

....

....

....

....

....

....

....

....

....

Und wen würdest du auf keinen Fall fragen wollen?

....

....

....

....

....

....

....

....

....

Was ist dir wichtig in Bezug auf
Glaube, Religion, Spiritualität?

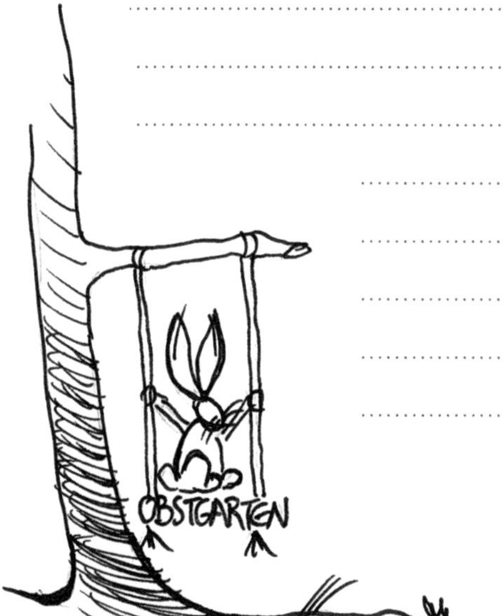

Wo wäre ein guter Ort zum Sterben?

Wie und wo möchtest du bestattet werden?

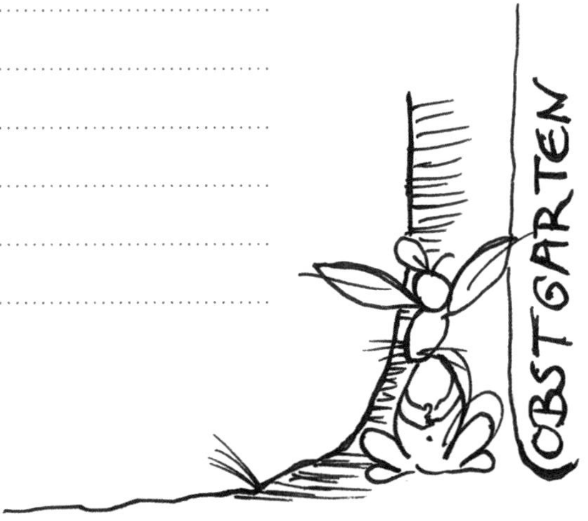

Gibt es noch etwas, das dir ganz besonders wichtig ist und das du hier aufschreiben möchtest?

Weiterführende Links

Advance Care Planning

Im Internet gibt es unter den unten aufgeführten Adressen weitere Informationen zum Thema Advance Care Planning.

Deutschland: www.acp-d.org

Schweiz: www.acp-swiss.ch

International: www.acp-i.org

Advance Care Planning Deutschland wird hier eine Liste von regional tätigen Gesprächsbegleitern veröffentlichen

Bücher:

Coors J., Jox R., in der Schmitten J. (Hrsg.): *Advance Care Planning: Von der Patientenverfügung zur gesundheitlichen Vorausplanung.* Kohlhammer Verlag 2015.

Dr. med. Mabuse, *Zeitschrift für alle Gesundheitsberufe,* Nr. 236. Schwerpunkt: Advance Care Planning. Mabuse-Verlag

Übersichtsartikel:
in der Schmitten J., Nauck F., Marckmann G.: *Behandlung im Voraus planen (Advance Care Planning): Ein neues Konzept zur Realisierung wirksamer Patientenverfügungen.* Zeitschrift für Palliativmedizin 2016; 17: S. 177–195

Feddersen, B., Petri, S., Marckmann, G., Topka, H.: *Advance Care Planning – Behandlung im Voraus planen in der Notfallmedizin.* Notfallmedizin up2date 2018; 13: S. 23–36

Petri, S., Zwißler, B., in der Schmitten, J., Feddersen, B.: *Behandlung im Voraus Planen – Weiterentwicklung der Patientenverfügung. Was die Internistin/der Internist dazu wissen muss.* Internist 2022; 63: 533 -544

Patientenverfügung und Vorsorgevollmacht

Vordrucke, wenn man eine Vollmacht ausstellen möchte:
https://www.justiz.bayern.de/media/pdf/broschueren/vorsorge_für_unfall__krankheit_und_alter_21._auflage_stand_januar_2023_br.pdf

In die Erstellung einer Patientenverfügung können die hier im Buch gemachten Gedanken einfließen und zum Beispiel unter »meine Wertvorstellungen« festgehalten werden: https://www.justiz.bayern.de/media/pdf/broschueren/220208_stmj_unfall.pdf
Das entsprechende Heft »Unfall, Krankheit, Alter« ist im Beck-Verlag erhältlich.
Wenn Sie Vorsorgedokumente zentral hinterlegen wollen, ist dies möglich unter: www.vorsorgeregister.de

Palliativmedizin und hospizliche Begleitung

Allgemeine Informationen:
www.dgpalliativmedizin.de
www.dhpv.de

Bücher:

Feddersen, Berend, Seitz, Dorothea, Stäcker, Barbara: *Reisebegleiter für den letzten Weg*. Irisiana 2015

Bausewein, Claudia, Simader, Rainer: *99 Fragen an den Tod: Leitfaden für ein gutes Lebensende*. Droemer 2020

Bausewein, Claudia, Roller, Susanne, Voltz, Raymond: *Leitfaden Palliative Care. Palliativmedizin und Hospizbegleitung.* Urban und Fischer 2021

Adressen zur individuellen Beratung:
www.wegweiser-hospiz-palliativmedizin.de
www.palliativ-portal.de

Wenn man selbst das kleine Einmaleins der Begleitung Sterbender lernen möchte, kann man einen »Letzte-Hilfe-Kurs« besuchen.
Infos dazu gibt es hier: www.letztehilfe.info

Erklärungen zu Intensiv- und Notfallmedizin
Hier findet man leicht verständliche Erklärungen zu verschiedenen Diagnosen und Behandlungsoptionen der Intensiv- und Notfallmedizin:
www.anaesthesisten-im-netz.de

Danksagung

An diesem Buchprojekt war eine Vielzahl an Menschen beteiligt, ohne die es niemals möglich gewesen wäre. An erster Stelle möchte ich mich bei meiner Familie bedanken, die mich immer unterstützt hat. Liebe Jungs, liebe Pia, ihr seid einfach die allerwichtigsten und liebsten Menschen in meinem Leben. Danke. Wenn ich nun chronologisch meine eigene Advance-Care-Planning-Geschichte entlanggehe, gebührt ein riesengroßer Dank Jürgen in der Schmitten und Georg Marckmann, ohne die ich nicht diesen augenöffnenden Moment erlebt hätte, um zu verstehen, was alles durch solche vorausplanenden Gespräche möglich gemacht werden kann. Claudia Bausewein sei ein großes Dankeschön zugeworfen, da sie mir die dazugehörigen beruflichen Freiheiten gewährt. Bei Hoppi Götze bedanke ich mich für die intensiven Gespräche und die Horizonterweiterung durch die gemeinsamen Trainerkurse. Dem Team der Christophorus Akademie und vor allem Gabi Port danke ich für die immer perfekten Kursorganisationen zu diesem Thema. Sabine Petri danke ich für den immerwährenden anregenden und liebenswerten Austausch, nicht nur hinsichtlich Advance Care Planning. Ihr und Manfred Petri sowie Matthias Beckmann danke ich ebenso wie Jürgen in der Schmitten für die kritische Durchsicht des Manuskripts und die vielen hilfreichen Kommentare. Nikola Teusianu danke ich von Herzen, dass sie initial von Verlagsseite diesen Ball der Buchidee so unterstützend aufgefangen hat. Inga Heckmann, meiner Lektorin, sei gedankt für die immerwährenden positiven und konstruktiven Ideen sowie ihre Geduld.

Mein allergrößter Dank geht an all die Menschen, mit denen ich als Gesprächsbegleiter für »Advance Care Plannning – Behandlung im Voraus Planen« -Gespräche führen durfte, und die mir tiefe Einblicke in ihre Gedanken, Gefühle und Erfahrungen zum Leben, zu schwerer Krankheit und zum Sterben gewährt haben. Insbesondere gilt mein Dank Andreas Söhnen, von dessen »Manifest« die Gedanken über das TUN und das SEIN in dieses Buch eingeflossen sind und dem ich dieses Buch als Erstem noch vorlesen durfte.

Berend Feddersen

Über den Autor

Professor Dr. Dr. Berend Feddersen ist Oberarzt und Leiter der Spezialisierten Ambulanten Palliativversorgung (SAPV) der Klinik und Poliklinik für Palliativmedizin des LMU Klinikum München. Der Mediziner ist aktives Mitglied der Deutschen Gesellschaft für Neurologie, der Deutschen Gesellschaft für Palliativmedizin, der European Association of Palliative Care und des Advance Care Planning Deutschland. Sein besonderes Interesse gilt der ambulanten Palliativversorgung, der gesundheitlichen Versorgungsplanung, dem Science Slam, der Wissenschaftskommunikation und nicht zuletzt dem Humor. Zu all diesen Themen bietet Berend Feddersen auch Seminare und Workshops an.

Impressum

2. Auflage 2024

Projektleitung: Inga Heckmann und Nikola Teusianu
Lektorat: Inga Heckmann
Layout: Henriette Neele Unger und Magdalena Gerblinger
Satz: Magdalena Gerblinger und Timo Wenda
Korrektorat: Susanne Schneider
Illustrationen: Berend Feddersen
Lithografie: Regg Media GmbH, München
Herstellung: Timo Wenda
Umschlaggestaltung: Serifa Design Studio
unter Verwendung einer Illustration von Berend Feddersen
Druck und Verarbeitung: Alföldi, Debrecen
Printed in Hungary

FSC www.fsc.org MIX Papier | Fördert gute Waldnutzung FSC® C010328

Penguin Random House Verlagsgruppe FSC® N001967

ISBN 978-3-424-15433-7